ISBN 978-3-8337-3381-9

3. Auflage 2020

Henriettenstraße 42 a, 20259 Hamburg

Text: Kirsten Boie · Illustrationen: Regina Kehn
Redaktion: Jennifer Knappheide
Grafische Bearbeitung: Fabia Schubert
Druck: Grafisches Centrum Cuno GmbH & Co. KG,
Gewerbering West 27, 39240 Calbe (Saale)

Die Geschichte von Noah und seiner Arche, gesprochen von Peter Kaempfe, ist als Kinderkonzert mit dem SWR Sinfonieorchester Baden-Baden und Freiburg unter der Leitung von Dirigent François-Xavier Roth zu den „Variationen über ein Thema von Haydn" von Johannes Brahms als Hörbuch im JUMBO Verlag erschienen (ISBN 978-3-8337-3251-5).

Die deutsche Bibliothek – CIP-Einheitsaufnahme

www.jumboverlag.de

Kirsten Boie · Regina Kehn

Warum wir im Sommer Mückenstiche kriegen, die Schnecken unseren Salat fressen und es den Regenbogen gibt

Eine Geschichte von Noah und seiner Arche

Als Gott die Welt erschaffen hatte, war sie zu Anfang ziemlich schön. Das war sie sogar noch, nachdem Adam und Eva wegen ihrer Nascherei aus dem Paradies vertrieben worden waren, wie du dich bestimmt erinnerst. Es gab Berge und Täler und Felder und Wälder; es gab Seen und Flüsse und Wasserfälle; es gab Sonne (aber nicht so viel, dass man schwitzen musste und Sonnenbrand kriegte) und genau so viel Regen, dass es Spaß machte, darin herumzuflitzen und über Pfützen zu springen; und im Winter gab es gerade so viel Kälte, dass es eine Freude war, ein kleines Feuer anzuzünden und Bratäpfel zu brutzeln. Und natürlich gab es auch Eichhörnchen und Tiger und Lachmöwen und Mücken und was du sonst noch so an Tieren kennst; und damals müssen die sogar noch alle in derselben Gegend gelebt haben, obwohl ich mir das ehrlich gesagt nur schwer vorstellen kann:

Weil doch manche Tiere es warm brauchen (wie der Jaguar und das Känguru) und andere haben es gerne kalt (zum Beispiel der Eisbär und der Pinguin). Aber trotzdem muss es wohl so gewesen sein, weil sich nämlich über die Geschichte, die ich jetzt erzählen will, alle einig sind, die Juden und die Christen und die Muslime; und wie du vielleicht schon mal mitgekriegt hast, sind die sich sonst längst nicht überall einig, also wenn die schon mal alle gemeinsam dieselbe Geschichte erzählen, wird da wohl etwas dran sein.

Ja, wie gesagt, fast alles gab es damals schon auf der Welt, und sie war ziemlich gelungen; und wenn er sie sich so ansah, gefiel sie Gott wirklich gut.

Aber dann gab es natürlich auch noch die Menschen. Und mit denen, muss ich dir leider sagen, lief es nun überhaupt nicht so gut. Ich weiß natürlich nicht so ganz genau, was sie damals alles gemacht haben, worüber Gott sich geärgert hat, aber auf alle Fälle gingen sie ständig aufeinander los, anstatt nett zueinander zu sein, und sie klauten sich gegenseitig ihre Felder und ihre Schafe und sogar ihre Frauen; und sie verprügelten einander und redeten schlecht über ihre Nachbarn und benahmen sich überhaupt so, dass Gott nur böse den Kopf schütteln konnte.
„Nun hört aber mal mit dem Kasperkram auf!", sagte er darum eines Tages, und er sagte es in sehr strengem Ton. „Habe ich euch darum eine so tolle Welt geschenkt, nur damit ihr alles Schöne gleich wieder kaputt macht? Wie führt ihr euch denn auf? Man kann ja kaum glauben, dass ihr erwachsen seid!"
Und dabei schlug er ordentlich mit der Faust auf den Tisch oder was Gott sonst so macht, wenn er böse ist, und das ist bei Gott dann natürlich gleich ganz schön heftig.

Leider sah es nicht so aus, als ob die Menschen ihm zuhören wollten, jedenfalls machten sie einfach immer so weiter mit ihren Prügeleien und ihren Klauereien und was ihnen sonst noch so alles einfiel. Da merkte Gott, wie er allmählich immer noch zorniger wurde. „Jetzt hört aber wirklich mal auf, habe ich gesagt!“, sagte er und schlug gleich noch mal mit der Faust auf den Tisch. Aber, wenn du glaubst, dass die Menschen wenigstens jetzt einen Schrecken gekriegt hätten und endlich aufhörten mit ihren Prügeleien und ihren Klauereien und was ihnen sonst noch so alles einfiel, dann hast du dich getäuscht. Stattdessen machten sie haargenau so weiter und sie benahmen sich ein bisschen, wie du das vielleicht manchmal auch machst, wenn du aufhören sollst dich zu streiten, und dann summst du einfach: „Tralala!“ und tust, als ob du nichts gehört hättest; oder, wenn du dein Zimmer aufräumen sollst oder Hausaufgaben machen oder ich weiß nicht, was sonst. Die Menschen winkten einfach freundlich hoch zum Himmel und riefen: „Ja, glei-heich!“, und dann ging alles weiter wie vorher. Und da, das kannst du ja vielleicht verstehen, war Gott irgendwann mit seiner Geduld am Ende.

„Schluss, aus, vorbei!", rief Gott. „Mit diesen Menschen wird das doch nie was mit meiner schönen Welt! Da laufen sie durch die Gegend und tun immer nur, wozu sie gerade Lust haben! Ich habe jetzt wirklich genug Geduld gehabt mit ihnen! Schluss, aus, vorbei! Ich schaffe die Welt einfach wieder ab!" Ob die Menschen ihm wenigstens jetzt zugehört haben, kann ich nicht sagen. Wenn du mich fragst, finde ich Welt-Abschaffen eigentlich eine ziemlich heftige Strafe, aber vielleicht wusste sich Gott eben einfach keinen anderen Rat mehr. „Mit denen wird das hier nichts mehr", hat er sich vielleicht kopfschüttelnd gedacht, und bestimmt war er dabei auch ein bisschen traurig. „Mit denen kriege ich keine gute Welt hin, das steht fest. Und dabei ist die Welt doch sonst ziemlich prima geworden und ich möchte ja auch, dass es sie noch ordentlich lange gibt;

und die Menschen sollten eigentlich im Laufe der Jahrtausende sogar noch alles Mögliche erfinden, Hochhäuser und Rührmaschinen und meinetwegen sogar Flugzeuge. Aber mit solchen wie denen hier wird das alles nichts, Schluss, aus, vorbei! Ich möchte wirklich nicht wissen, was passiert, wenn ich die so schlau mache, dass sie Sachen erfinden können! Womöglich erfinden die noch richtig gefährliche Waffen und machen Krieg und schießen sich gegenseitig tot; oder sie erfinden irgendwas, womit sie meine Luft dreckig machen und die Umwelt, und ruinieren mir die ganze schöne Welt! Schluss, aus, vorbei! Mit denen wird es nichts mehr. Ich muss wohl tatsächlich eine große Sintflut schicken, die alles überschwemmt, dann ist alles weg und ich muss mit meiner Erde eben noch mal ganz von vorne anfangen. Ach, ach, ach!“

Denn eigentlich, das verstehst du wohl, wollte Gott das ja gar nicht, bis auf die Menschen war der Rest ja völlig in Ordnung; und das nun alles wieder kaputt zu machen und ganz von vorne anzufangen mit der Erfinderei und Weltenmacherei, dazu hatte er überhaupt keine Lust. Genau darum war er ja so fürchterlich böse.
„Schluss, aus, vorbei!“
Und dann passierte doch noch etwas Gutes, gerade als Gott mit seiner Sintflut loslegen wollte. Unten auf der Erde war nämlich zu der Zeit ein Bauer dabei, seine Schafe zusammenzutreiben und zu scheren, und seine Frau half mit und seine drei Söhne auch, und alle waren sie freundlich zueinander und keiner maulte, weil er keine Lust dazu hatte; und soweit Gott das von oben erkennen konnte, waren es auch wirklich nur ihre eigenen Schafe, die sie da zusammentrieben, keine geklauten.
„Natürlich, das ist ja Noah!“, dachte Gott.
„Noah mit seiner Frau und seinen drei Söhnen Sem, Ham und Japheth und ihren Frauen! Wie habe ich Noah nur vergessen können, der ist doch eigentlich ziemlich nett!“

Und gleich fühlte er sich viel besser, weil ihm nun nämlich auf einen Schlag eine Lösung für sein Problem eingefallen war, und da fragte er sich fast, warum er da nicht schon früher draufgekommen war.
„Noah!", rief Gott, und anders als die anderen Menschen vorher, machte Noah auch tatsächlich nicht einfach weiter mit seiner Arbeit und sang: „Tralala!" oder rief: „Glei-heich!"; stattdessen wandte er sofort seinen Kopf zum Himmel und hörte zu, was Gott ihm zu sagen hatte.

„Noah!“, sagte Gott. „Du kannst dir vielleicht vorstellen, warum ich mit dir reden will! Die Menschen machen mir einfach zu viel Kummer, mit denen wird es nichts mehr hier auf der Welt. Die machen mir womöglich noch alles kaputt. Darum will ich eine Sintflut schicken ...“
„Nein!“, sagte Noah und bekam einen großen Schrecken, und überhaupt unterbrach er Gott ziemlich viel bei dem, was der ihm jetzt erklärte.
„Also, Noah!“, sagte Gott. „Ich habe eine wunderschöne Welt geschaffen, das findest du doch bestimmt auch, nur mit den Menschen hat es nicht so gut geklappt. Warum soll deshalb die Sintflut gleich alles andere mit auslöschen, was ich mir Schönes ausgedacht habe?“
Und Gott sah sich um und Noah sah sich um und sie fanden beide, dass die Welt wirklich sehr schön war.
„Und alles auslöschen, das wird die Sintflut tun!“, sagte Gott. „So ist das nun mal mit einer Sintflut. Aber dich, Noah, und deine Familie will ich retten, weil ihr schließlich ziemlich nette Menschen seid; und dafür kannst du mir helfen, dass ich die Welt hinterher nicht noch mal ganz und gar neu erfinden muss.“
Da stellte Noah tausend Fragen, das hätte ja wohl jeder getan, und Gott erklärte ihm alles ganz genau.

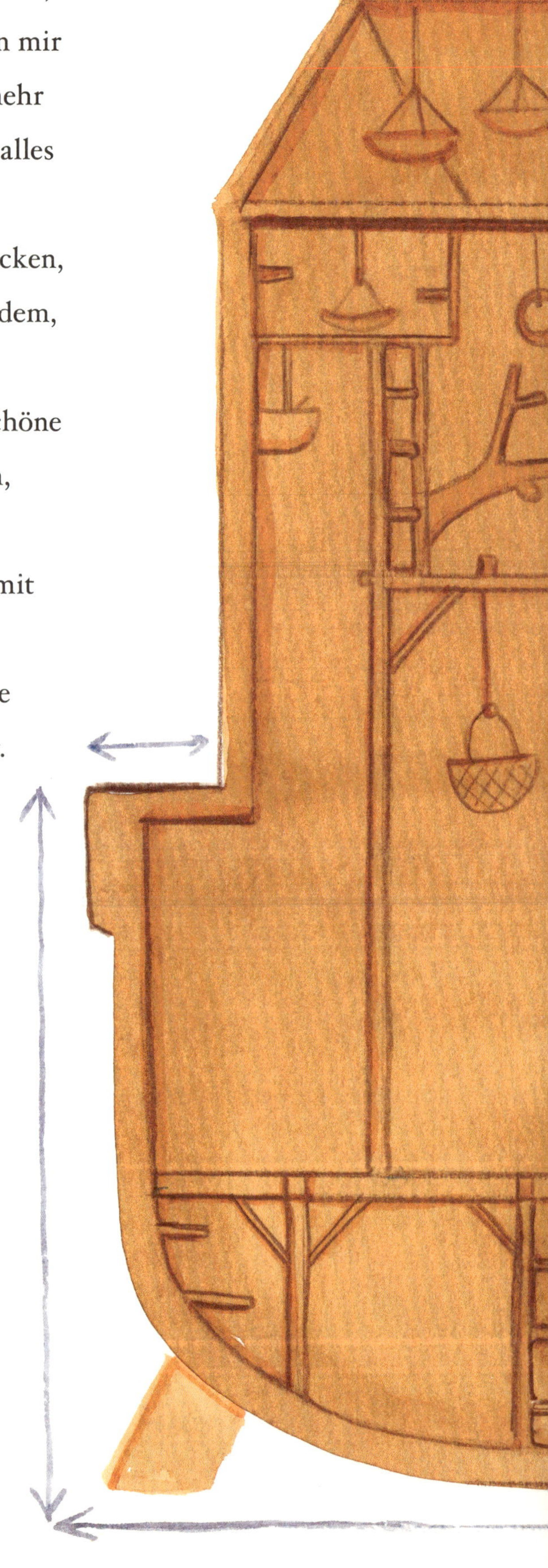

„Als Erstes baust du dir ein großes Schiff aus Holz wie ein Haus, das soll Arche heißen, und deine Söhne können dir helfen und die Frauen natürlich auch. Mach es mal ... mach es mal ungefähr 150 Meter lang und 25 Meter breit, und hoch muss es wohl mindestens 15 Meter sein, es soll nämlich drei Stockwerke haben."

„So groß?", fragte Noah, denn damals gab es ja noch keine Kreuzfahrtschiffe, die, wie du vielleicht weißt, manchmal noch viel größer sind; und warum das Schiff denn drei Stockwerke haben sollte, fragte Noah auch, und woher er das ganze Holz nehmen sollte und lauter praktische Fragen. Und Gott beantwortete sie alle ganz geduldig, und zum Schluss sagte er:

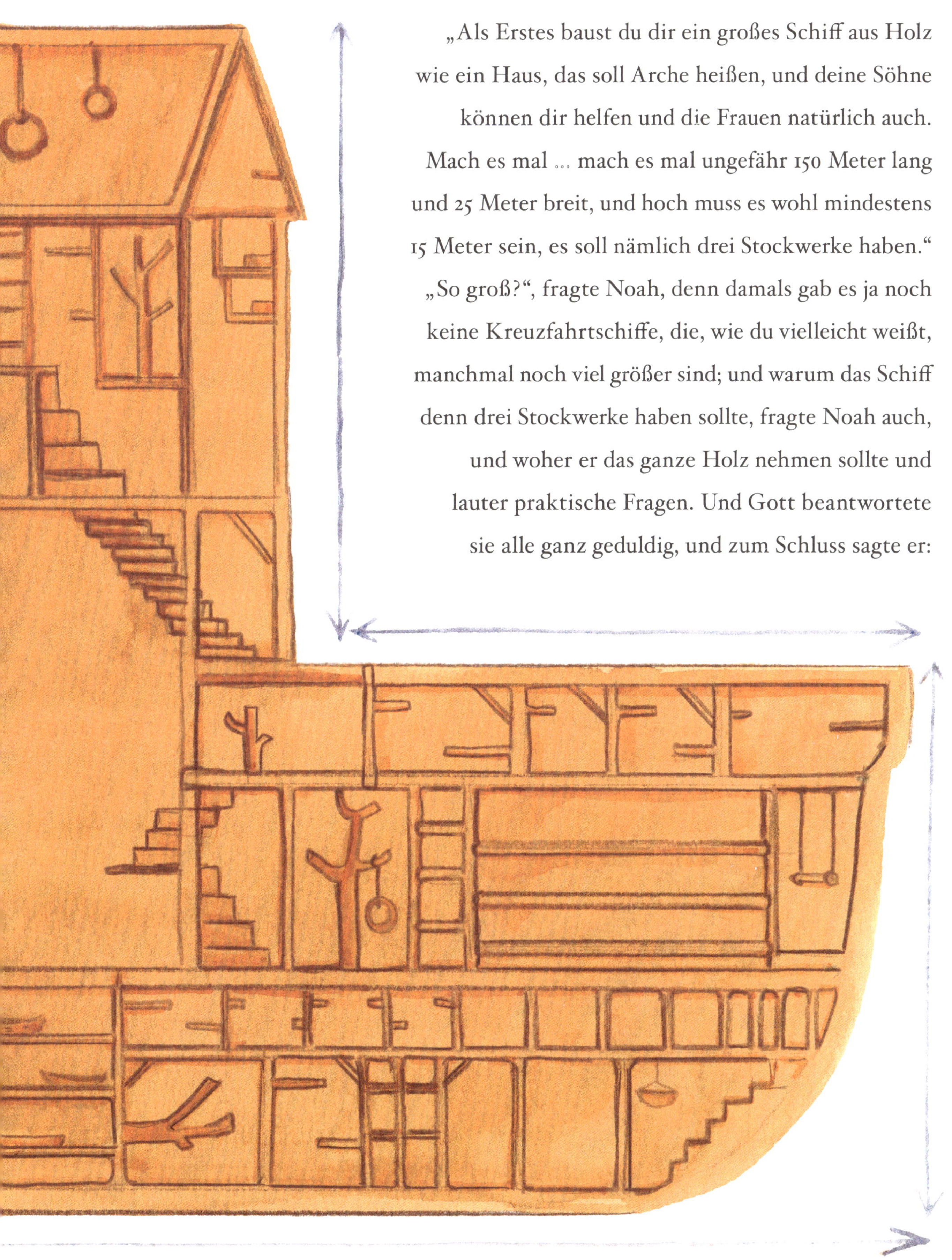

„Und jetzt kommt meine Idee: Wenn ihr das Schiff fertig gebaut habt, was bestimmt ein bisschen dauern wird, dann holst du zusammen mit deiner Familie von allen Tieren ein Pärchen und bringst sie auf die Arche, und Futter für alle musst du natürlich auch einladen. Wenn dann die Sintflut vorbei ist, kannst du die Tiere rauslassen, und ich muss sie nicht erst neu erschaffen. Ist das nicht eine gute Idee?"
Das fand Noah auch, aber sowieso konnte er sich nicht vorstellen, dass jemand wie Gott mal eine schlechte Idee haben sollte. „Und welche Tiere genau?", fragte er vorsichtshalber. „Absolut alle?"
Da dachte Gott einen Augenblick nach und ließ dabei den Blick über seine Welt schweifen, und dann sagte er: „Die Fische kommen sowieso im Wasser klar, die brauchst du nicht mit an Bord zu nehmen; da wird es ja bestimmt ziemlich eng! Aber von den großen Landtieren sollst du immer ein Männchen und ein Weibchen mitnehmen und von den kleinen Landtieren und den Vögeln auch. Kriegst du das hin?"

Dir ist vielleicht aufgefallen, dass von den Insekten da nicht die Rede war, nicht von den Bienen und nicht von den Wespen und schon gar nicht von den Mücken; darum hätte es also niemals Mückenstiche geben müssen, Mückenstiche hatte Gott zu der Zeit nämlich noch nicht erfunden und die wollte er eigentlich auch gar nicht erfinden. Jedenfalls sagte Gott kein Wort davon, dass Noah auch die Mücken mit auf seine Arche nehmen sollte.

„Kriegst du das hin?“, fragte Gott also, und da nickte Noah und seufzte ein bisschen, weil er sich natürlich nicht darüber freute, dass jetzt eine große Sintflut kommen würde; aber dann war er doch froh, dass ihm und seiner Familie dabei nichts passieren sollte; und er erzählte Sem, Ham und Japheth weiter, was Gott ihm gerade erzählt hatte, und seiner Frau natürlich auch.

Da begannen Noah und seine Familie die Arche zu bauen: Baumstamm nach Baumstamm schleppten sie mühsam heran, und Baumstamm nach Baumstamm fügten sie zusammen; und während die Arche so allmählich wuchs, weinten die Frauen, denn nun sollten sie ja bald ihr Zuhause verlieren, und die Männer weinten ziemlich sicher auch, die versteckten dabei nur ihr Gesicht; und alle waren sie sehr, sehr traurig.

„Ach, Noah, wir hatten es doch eigentlich ziemlich schön!", sagte Noahs Frau und wischte sich über die Augen. „Und jetzt soll das alles verschwinden, alle unsere Täler und alle unsere Felder und unser Haus noch dazu?"

Aber viel Zeit zum Jammern hatten sie nicht, schließlich mussten sie eine riesengroße Arche bauen; nur einer von Noahs drei Söhnen, ich glaube, es war Japheth, murrte einmal kurz und sagte, dass er das alles nicht mehr mitmachen wolle und dass alles schon nicht so schlimm kommen würde. Aber da sagte Noah ganz streng, dass er dann ziemlich böse mit ihm wäre, und da half auch Japheth weiter mit; auch wenn er ein ziemlich eingeschnapptes Gesicht dabei machte.

So wuchs die Arche Stamm auf Stamm und wurde 150 Meter lang und 25 Meter breit und ungefähr 15 Meter hoch, genau wie Gott vorgeschlagen hatte; und am Ende lag sie da mit ihren drei Stockwerken, mitten auf dem Feld, und sah aus wie das größte Haus, das Noah je gesehen hatte, und wie das größte Schiff sowieso. Und dann ließen sie die Tiere auf das Schiff, immer von jeder Art zwei, ein Männchen und ein Weibchen; und du kannst dir vorstellen, dass das ein ziemliches Gerenne war und ein ziemliches Gedrängel, weil Tiere nämlich kein bisschen vernünftiger sind als Menschen, wenn es darum geht, in einer Schlange zu warten, bis sie dran sind. Darum versuchte jede Tierart die andere zu überholen, und sie schubsten sich ordentlich und schnappten vielleicht auch mal nacheinander; aber wenigstens versuchte kein Tier ein anderes zu fressen, was doch schon überraschend ist, wenn man bedenkt, dass der Wolf sich neben dem Hasen durch die Tür in die Arche drängelte und der Fuchs neben der Henne.

Nur mit der Schnecke und der Giraffe hätte es fast einen kleinen Unfall gegeben, weil Herr und Frau Schnecke eben wirklich ziemlich langsam waren, da war es ja logisch, dass die Giraffe mit ihren langen Beinen sie einfach überholen musste; aber die Giraffe hatte ihren Kopf dabei hoch in der Luft und guckte kein bisschen auf die Erde, und darum wäre sie fast auf die beiden Trödler getreten, dann hätte es auf der Arche keine Schnecken gegeben. Aber zum Glück musste die Giraffe am Schluss noch mal kurz ihren Kopf einziehen, um durch die Tür zu passen, und dabei fiel ihr Blick gerade noch rechtzeitig auf den Boden; und darum fressen heute immer noch Schnecken unseren Salat. Und Noah und seine Leute standen neben der Arche auf dem Feld und sahen dem Gedränge zu; nur einer von seinen Söhnen, ich glaube, es war wieder Japheth, war zwischendurch mal kurz verschwunden, und als er wieder zurückkam, zwängte er sich zwischen Bär und Elch in die Arche.

„Was hat Japheth denn da bloß vor?“, fragte Noahs Frau mit gerunzelter Stirn, aber da kam Japheth auch schon pfeifend wieder nach draußen, und Noah konnte ihn gerade nicht fragen, weil er nämlich an den Fingern abzählen musste, wie lange sie noch Zeit hatten, die Arche zu beladen; denn Gott hatte ihnen genau sieben Tage dafür gegeben, dann wollte er mit der Sintflut anfangen. Und das haben sie auch wirklich gut geschafft. Und danach schloss Gott hinter ihnen allen die Tür.

Und dann ging draußen die Sintflut los mit einem Regen, der klang zuerst noch gar nicht gefährlich und beinahe freundlich; aber dann plötzlich prasselte er vom Himmel in Tropfen so riesig, wie du in deinem ganzen Leben noch keine gesehen hast, und Hagelkörner groß wie Taubeneier zersplitterten auf den Berggipfeln; und sogar aus dem Boden quoll überall das Wasser, keine Ahnung woher, und alle Flüsse traten über ihre Ufer, bis sie die Arche anhoben, dass sie auf den Fluten taumelte. Dann kamen auch noch Donner und Blitz und ein schrecklicher Sturm

Und all das zusammen war so fürchterlich, gruselig laut, dass man sein eigenes Wort nicht hätte verstehen können, wenn man in diesem Wetter draußen gewesen wäre; aber Noah und seine Leute waren ja zum Glück drinnen in der Arche, auch wenn die auf den wilden Wellen so heftig hin und her geschleudert wurde, dass sie alle ziemliche Angst kriegten, und die Tiere sowieso. Vierzig Tage und Nächte ging das so, und vierzig Tage und Nächte können ziemlich lang sein; aber dann war es draußen auf einmal ganz still.

„Es ist vorbei!", rief Noah, und du kannst dir vorstellen, wie aufgeregt und froh und auch ein bisschen ungläubig da alle an Bord der Arche waren. Sie fassten sich an den Händen und tanzten Ringelreigen; und sogar die meisten Tiere tanzten mit, obwohl es da mit dem An-den-Händen-Fassen manchmal natürlich schwierig war. Dann hoben sie eben einfach ihre Vorderpfoten oder tanzten zur Not auch ganz ohne Anfassen im Kreis mit; bis auf den Puma, der guckte griesgrämig. Aber immer nur tanzen wird auf die Dauer doch langweilig, und nach einigen Tagen fand Noah darum, dass es nun vielleicht Zeit wäre, einen vorsichtigen Blick durch das geöffnete Dach der Arche nach draußen zu werfen; und was er da sah, machte sie dann doch alle wieder ziemlich traurig.

Denn die Arche kippelte ein bisschen unsicher ganz
oben auf dem allerhöchsten Gipfel des Gebirges Ararat;
und um sie herum war immer noch nichts als Wasser,
nicht mal die anderen Berggipfel guckten heraus.
Da wussten Noah und seine Familie, dass die Welt,
wie sie sie gekannt hatten, für immer verschwunden war,
und sie hörten auf mit Tanzen und warteten nur noch
darauf, dass das Wasser endlich fallen sollte.

Deshalb schickte Noah eine Taube los, die sollte mal auskundschaften, wie es auf der Welt nun aussah; und als sie am Abend müde und sehr erschöpft zurückkam, war Noah klar, dass sie den ganzen Tag keinen einzigen trockenen Platz gefunden hatte, um sich zwischendurch mal kurz irgendwo auszuruhen. Da schloss Noah das Dach der Arche seufzend wieder und wartete noch mal sieben Tage; dann schickte er die Taube zum zweiten Mal los: Und an diesem Abend kam sie tatsächlich zurück und hatte ein ganz frisches Blatt von einem Ölbaum im Schnabel, du weißt doch, die, an denen die Oliven wachsen.

Und Noah und seine ganze Familie freuten sich sehr, denn wo ein Baum frische Blätter trieb, da musste das Wasser ja abgeflossen sein. Trotzdem schickte Noah die Taube vorsichtshalber auch noch ein drittes Mal los, und dieses Mal kam sie überhaupt nicht mehr zurück. Da wussten alle an Bord der Arche, dass die Taube jetzt wohl an Land ein besseres Zuhause gefunden hatte, und dass man auf der Erde wieder wohnen konnte.

„Können wir jetzt endlich raus, Gott?“, fragte Noah darum ein kleines bisschen ungeduldig, denn er fand, allmählich hätten sie lange genug auf der engen Arche gelebt. Und Gott sagte, dass das von ihm aus okay wäre.

Da rannten und stolperten sie alle nach draußen, der Wolf und der Hase und der Fuchs und die Henne und natürlich auch der griesgrämige Puma; und ich glaube, inzwischen war es stockfinstere Nacht geworden.
Den Tieren war die neue fremde Welt ein kleines bisschen unheimlich: Schließlich hatte sie ja ganz anders ausgesehen, als sie vor vielen, vielen Tagen die Arche bestiegen hatten. Und in der Dunkelheit wäre die Giraffe natürlich fast wieder auf die beiden Schnecken getreten, aber in allerletzter Sekunde bemerkte sie sie dann doch noch, und dieses Mal lag es übrigens daran, dass über ihr plötzlich lauter Bienen und Wespen und Mücken immer zu zweit durch die niedrige Tür nach draußen summten;
und da zog die Giraffe blitzschnell ihren Kopf ein und guckte lieber nach unten, denn im Gesicht gestochen werden, wollte sie nicht so gerne.
Und so entdeckte sie zum Glück noch gerade rechtzeitig die beiden Schnecken, und so hatte die Schnecken-Geschichte noch ein zweites Mal ein Happy End – für die Schnecken, nicht für unseren Salat.
Aber wie die Bienen und die Wespen und die Mücken überhaupt auf die Arche gekommen waren, sollten wir uns jetzt vielleicht mal fragen, weil Gott sie da doch eigentlich gar nicht haben wollte; obwohl er dann ja nachträglich noch wirklich eine gute Verwendung für sie gefunden hat, das erzähle ich noch.

Aber eingeplant waren sie auf der Arche schließlich nicht, und als Noah ihren Schwarm über dem Kopf der Giraffe entdeckte, sah er deshalb ganz erschrocken hoch zum Himmel, ob Gott sie auch bemerkt hatte, vor allem die Mücken; aber Gott beobachtete einfach nur ganz ruhig weiter, wie die Tiere sich überall auf der Erde verteilten, und tat, als hätte er nichts gesehen, und da beruhigte Noah sich wieder. „Das war doch bestimmt mal wieder Japheth!", murmelte er, weil ihm plötzlich wieder einfiel, wie Japheth sich beim Beladen zwischen allen Tieren auf die Arche gedrängelt hatte. „Der wollte uns doch bestimmt nur ärgern, weil er beim Bauen der Arche mithelfen musste!" Und er nahm sich vor, ordentlich mit seinem Sohn zu schimpfen, sobald er Zeit dafür hatte. Aber im Augenblick hatte er dafür gerade keine Zeit, weil er nämlich erst mal aufpassen musste, dass auch das allerletzte Tier noch den Weg von der Arche fand.

Und als es Morgen wurde, ging die Sonne auf über einer Erde, die zum zweiten Mal ganz neu und frisch und glänzend war. Es gab Berge und Täler und Felder und Wälder; es gab Seen und Flüsse und Wasserfälle; es gab Sonne (aber nicht so viel, dass man schwitzen musste und Sonnenbrand kriegte) und genau so viel Regen, dass es Spaß machte, darin herumzuflitzen und über Pfützen zu springen; und im Winter würde es gerade so viel Kälte geben, dass es eine Freude wäre, ein kleines Feuer anzuzünden und Bratäpfel zu brutzeln. Und natürlich gab es auch Eichhörnchen und Tiger und Lachmöwen und was du sonst noch so an Tieren kennst, und außerdem sogar immer noch Mücken.

Ja, all das gab es jetzt zum zweiten Mal auf der Welt, und wenn Gott sie sich so ansah, gefiel sie ihm immer noch wirklich gut, und darum wurde er ganz fröhlich. Aber wenn du nun glaubst, Gott hätte nicht bemerkt, wie Japheth die Bienen und die Wespen und die Mücken heimlich auf die Arche geschmuggelt hatte, dann täuschst du dich. Es heißt ja, Gott kriegt alles mit, und so war es tatsächlich gewesen, Gott hatte deshalb nur nicht gleich Ärger machen wollen. Aber nachdem er sich jetzt eine Weile über seine schöne neue Welt gefreut hatte, seufzte er schließlich doch ein bisschen kummervoll.

„Nun habe ich mit den Menschen noch mal ganz neu anfangen wollen!“, dachte er. „Und Noah und seine Familie habe ich schließlich nur deshalb ausgesucht, weil ich dachte, die wären vernünftig. Und was passiert? Gleich hat dieser Japheth wieder versucht, die Insekten an mir vorbeizuschmuggeln, obwohl ich die doch gar nicht auf der Arche haben wollte!“
Aber bevor Gott nun wieder so richtig wütend werden konnte, warf er doch noch mal schnell einen Blick auf seine Welt, und da tirilierten die Lerchen am Himmel und die Bienen summten im Kirschbaum und die Enten schnatterten auf dem Wasser, und die beiden eingeschmuggelten Mücken suchten sich gerade einen passenden Menschen als Landeplatz, und eigentlich war alles doch wieder wunderschön. Da fand Gott es plötzlich albern, sich so über Japheth zu ärgern.

„Na gut, Insekten kann ich vielleicht sowieso gebrauchen, um die Blumen und die Bäume zu bestäuben, das ist eigentlich eine ziemlich praktische Idee“, dachte er und wurde ganz vergnügt, weil ihm gerade noch etwas anderes eingefallen war. „Und für die Mücken habe ich auch noch eine besondere Aufgabe: Im Sommer sollen dann von jetzt an eben Mückenstiche die Strafe dafür sein, dass dieser Japheth versucht hat, mich auszutricksen! Von dem und seinen Nachkommen ist bestimmt noch einiges zu erwarten!“ Dann lächelte Gott ein bisschen müde und dachte: „Wahrscheinlich lässt es sich einfach nicht ändern. Die Menschen sind eben die Menschen, und die müssen immer alles ausprobieren und sind nicht so furchtbar gehorsam, und wenn ich ihnen nun mal so viel Freiheit geschenkt habe, dann muss ich wohl auch damit leben. Ich kann doch nicht jedes Mal, wenn die Menschen Mist machen, die ganze Welt untergehen lassen und eine neue erfinden! Da hätte ich ja außerdem viel zu tun! Ich muss die Menschen wohl nehmen, wie sie sind; aber ich kann wenigstens versuchen, einen Deal mit ihnen zu machen.“

„Noah!“, rief Gott also. „Alles erledigt?“

„Ja, alles erledigt, jedenfalls glaube ich das“, antwortete Noah vorsichtig, aber sah nicht auf dabei, weil er sich immer noch nicht sicher war, ob Gott vielleicht wegen der eingeschmuggelten Insekten mit ihm schimpfen würde.

„Ja, so sieht es für mich auch aus“, sagte Gott da zu seiner Beruhigung. „Prima gemacht, Noah! Und damit es nie wieder so viel Ärger auf der Welt gibt wie vor der Sintflut und damit ihr Menschen endlich mal vernünftig werdet, habe ich mir etwas ausgedacht.“

„Ja?“, fragte Noah gespannt, und seine Frau und seine Söhne drängten sich neugierig um ihn herum, auch wenn Japheth sich vielleicht ein kleines bisschen hinter den anderen zu verstecken versuchte, aber Gott tat, als ob er das gar nicht bemerkte.

„Wir alle, die wir hier versammelt sind, machen jetzt einen Deal“, sagte Gott. „Ihr versprecht mir was, und dafür verspreche ich euch auch was, ist das in Ordnung?“ Und während die anderen alle erwartungsvoll nickten, mischte Japheth sich natürlich gleich ein und rief über Hams Schulter weg: „Und was sollen wir versprechen, bitte sehr?“ Aber Gott tat wieder, als ob er das gar nicht bemerkt hätte; obwohl er dabei zum zweiten Mal bei sich dachte: „Tatsächlich, von dem und seinen Nachkommen ist bestimmt noch einiges zu erwarten.“ Dann sagte er: „Ihr versprecht mir, dass ihr für immer und auf alle Zeit aufhören werdet mit der Lügerei und der Klauerei und der Aufeinander-Losgeherei! Und die Welt macht ihr mir auch nicht kaputt. Und dafür verspreche ich euch, dass ich nie mehr wieder eine Sintflut schicken werde, na, wie ist das?“

Da nickten Noah und alle seine Leute ganz erleichtert, denn schließlich waren sie ja eine sehr friedliche Familie, und all diese Sachen hatten sie sowieso nicht vor. Nur Japheth runzelte die Stirn und guckte ein kleines bisschen skeptisch.

„Und ein Zeichen, das uns alle daran erinnern soll, habe ich mir auch schon ausgedacht!“, sagte Gott und versuchte nicht darüber nachzugrübeln, warum Japheth wohl die Stirn gerunzelt hatte.

„Dieses Zeichen für unseren Deal soll ein bunter Bogen aus allen Farben des Lebens sein, den ich jedes Mal an den Himmel malen will, wenn Regen und Sonne zusammentreffen. Und wenn ihr den seht, soll euch wieder einfallen, was ich euch versprochen habe; aber was ihr mir versprochen habt, soll euch dann auch wieder einfallen.“

„In Ordnung, versprochen!“, sagte Noah, weil er fand, dass der Deal von den Menschen nun doch wirklich nicht zu viel verlangte.

„Und ihr, Sem, Ham und Japheth?“, fragte Gott.

„In Ordnung, versprochen!“, sagten Sem und Ham;

und: „Na gut, meinetwegen!“, sagte Japheth.

Da guckte Gott für einen Moment ziemlich düster, aber dann lächelte er müde. „Die Menschen sind eben die Menschen“, dachte er. „Wahrscheinlich lässt es sich einfach nicht ändern.“

„Gut, dann will ich auch mein Versprechen halten!“, sagte Gott. Und da erschien am Himmel zum allerersten Mal ein Regenbogen.